L'ÉMIGRATION DE M. GUIZOT

A GAND

EST-ELLE

GLOIRE OU INFAMIE?

PAR

M. CABET,

ANCIEN DÉPUTÉ.

---

1 feuille in-8. — Prix : 15 cent.

Sous Presse.

JAMAIS D'AVEUX PLUS IMPORTANTS

QUE DANS LA DISCUSSION DE L'ADRESSE,

1 feuille in-8. — Prix : 15 cent.

BIOGRAPHIE POPULAIRE DE L'ARMÉE,

Par livraisons d'une demi-feuille à 10 cent.

CHEZ **PRÉVOST**, RUE BOURBON-VILLENEUVE, 61.

CHEZ **ROUANNET**, RUE VERDELET, 4.

ET CHEZ TOUS LES LIBRAIRES.

1840

L'ÉMIGRATION DE M. GUIZOT A GAND

EST-ELLE

GLOIRE OU INFAMIE?

Quoi! un Français, un professeur, un prétendu philoso-
phe, un Ambassadeur, un Ministre des affaires étrangères,
vient d'oser, à la tribune, devant la Représentation nationale
et les Ambassadeurs de tous les rois, en face de la France et
de l'Europe, se glorifier de son *émigration à Gand*, en 1815,
pour appeler l'Etranger contre sa patrie, pour rentrer sur
les cadavres français de Waterloo, à la suite des Prussiens
et des Anglais, qui venaient opprimer, outrager, dépouiller,
ruiner, assassiner la France...! Et mille imprécations ne se
sont pas élevées pour interrompre sa sacrilége audace!
mille malédictions n'ont pas éclaté pour venger la morale,
l'honneur, la patrie, l'indépendance et la liberté...!!!

Quant à nous, quelque faible que soit notre voix, nous
ne pouvons résister au besoin d'exprimer les sentiments de
douleur, d'indignation et d'effroi qui nous oppressent... Et,
pour les bien faire comprendre, nous jetterons un rapide
coup d'œil sur la Contre-Révolution de 1815, et même sur
la Révolution, pour arriver aux périls, aux infamies, aux
aveux, que vient de révéler la discussion de l'Adresse.

Chacun le sait, et cependant il faut le répéter sans cesse,
sous l'ancien régime, la *Noblesse* et le *Clergé*, c'est-à-dire
l'*Aristocratie*, étaient TOUT; le *Tiers-Etat*, c'est-à-dire la
Bourgeoisie (rentiers, avocats, médecins, professeurs, sa-
vants, écrivains, manufacturiers, négociants), et les ouvriers, n'étaient RIEN... C'était l'injustice, l'iniquité... D'un
autre côté, le Roi gouvernait *personnellement* par des Mi-

nistres qui n'étaient que des commis sans responsabilité·
—Aussi, que de dilapidations, que de scandaleuses immoralités, que de honte, sous le règne de Louis XV, à jamais désho-
noré pour avoir lâchement souffert le partage de la Pologne !
— Aussi, depuis plus de trois siècles, les Philosophes récla-
maient-ils énergiquement contre le Despotisme, contre les
priviléges, contre l'Aristocratie, tandis que les Parlements
eux-mêmes, donnant l'exemple de l'opposition et de la ré-
sistance, invoquaient les droits de la Nation, et parlaient de
Réforme.

Quand, en 1789, entraîné par l'opinion publique,
Louis XVI accorde les Etats-Généraux, les électeurs (4 à 6
millions dans les Assemblées primaires), les Députés (1,200),
tout le Tiers-Etat, presque moitié de la Noblesse, la majorité
du Clergé, en un mot la Nation presque entière, deman-
dent la *Réforme...* Que la Cour y consente, et la Réforme
préviendra la *Révolution !*—Mais le Roi, la Cour, les hauts
privilégiés, les hauts conservateurs, répondent TOUT OU
RIEN, prennent la résolution de périr plutôt que de céder,
déclarent la guerre à la Bourgeoisie et au Peuple, et ne re-
culent devant aucun moyen, devant aucun crime, pour per-
pétuer leur injuste domination, au risque même d'un grand
cataclysme social... De là la guerre entre l'Aristocratie et la
Démocratie. Et quoi qu'il puisse sortir de cette guerre, à
qui sera la faute aux yeux de la Postérité ?

Le Roi, chef de l'Aristocratie, emploie d'abord l'intrigue,
puis la menace. La salle des Etats-Généraux est fermée...
Mais la Démocratie répond par le courageux *Serment du
Jeu de Paume.*

La Cour emploie la violence, fait venir autour de Paris et
de Versailles les régiments étrangers, les régiments français dont elle se croit sûre, en donne le commande-
ment au maréchal *de Broglie*, prépare des grilles à bou-
lets rouges, conspire à l'insu du Ministre *Necker*, décide
l'attaque pour la nuit du 14 au 15 juillet, renvoie subitement le Ministère quelques jours auparavant, et appelle
brusquement une espèce de Ministère Polignac décidé à mi-

trailler les adversaires de l'Aristocratie. Tout va dépendre de ce que fera l'Armée. — Mais les Députés populaires, à la tête desquels se trouve le duc d'Orléans d'alors, provoquent les soldats à la défection ; l'opinion entraîne l'Armée elle-même ; les Gardes-Françaises (dont le duc d'Orléans est Commandant-Général) refusent de tirer sur le Peuple ; partie des autres soldats fraternisent avec les citoyens ; le 14 juillet, jour de gloire immortelle, les braves ouvriers du faubourg Saint-Antoine, auxquels se joignent d'autres ouvriers et des gardes-françaises, assiégent et prennent, en montant sur les cadavres de leurs frères, la Bastille, qui heureusement n'est pas appuyée par d'autres Bastilles ; Louis XVI éloigne l'armée prête à s'insurger contre lui ; toutes les Bastilles des Provinces sont prises et démolies ; la *Réforme*, repoussée par la Cour, devient une RÉVOLUTION ; la France entière applaudit avec transport ; et la Démocratie victorieuse rédige une *Constitution* qui proclame la souveraineté du Peuple, l'égalité, la liberté et la fraternité.

C'est en vain que, pour arrêter l'esprit révolutionnaire de l'armée, l'Aristocratie fait massacrer un régiment à Nancy ; l'armée française devient l'un des plus fermes appuis de la Révolution et de la Démocratie.

Cependant, le comte d'Artois, les Polignac, partie de l'Aristocratie, émigrent, s'organisent sur la frontière pour faire la guerre à leur Patrie, et courent exhorter tous les Rois et toutes les Aristocraties à former une *Coalition* pour l'intervention, l'invasion et la Restauration.

Bientôt les Aristocraties d'Autriche et de Prusse se coalisent par le fameux *Traité de Pilnitz*, long-temps secret. Puis, les Aristocraties Russe et Anglaise accèdent au traité, ainsi que les Aristocraties Espagnole, Piémontaise, Napolitaine, etc. Et la Coalition prépare l'invasion en méditant le démembrement de la France à l'instar de la Pologne.

Et le Roi conspire avec l'Émigration et la Coalition, correspond en secret, cache ses négociations diplomatiques, forme vingt projets de fuite à l'Étranger, ment, trompe, prodigue les protestations et les serments, adopte un système de police et de corruption, achète Mirabeau et beaucoup d'autres Députés, change fréquemment ses Ministères, choisit toujours des Aristocrates, appelle enfin desMinistres démocrates, mais pour les exploiter, pour les tromper, pour leur cacher sa correspondance, pour les paralyser quand ils voudront préparer sérieusemeut la défense, et pour les forcer à donner leur démission. — Mais *Rolland* et d'autres Ministres dénoncent à la Nation la marche contre-révolutionnaire de la Couronne.

Cependant, le parti révolutionnaire s'est divisé en *Girondins* ou *Juste-Milieu* qui, ne croyant pas ou feignant de ne pas croire à la trahison du Roi, veulent la guerre sous ses ordres, et en *Jacobins* ou *Montagnards* qui, convaincus que le Roi ne fera la guerre que pour trahir et livrer la France à la Coalition, veulent détrôner Louis XVI avant de commencer les hostilités.

Tout concourt en effet à favoriser l'invasion ; rien n'est prêt, malgré les assurances contraires officiellement données par les Ministres ; et quand la guerre commence, des revers, causés par la trahison, forcent à rester sur la défensive.

Bientôt la *Patrie est déclarée en danger ;* la Représentation nationale appelle aux armes tous les citoyens ; et les ouvriers toujours patriotes et généreux, accourent pour offrir leurs bras et leur sang à la Patrie.

Après trois ans de préparatifs militaires, le *Manifeste de Brunswick*, annonçant enfin (28 juillet 92) la coalition des Rois, leur intervention dans les affaires intérieures de la France, l'invasion étrangère pour opérer la contre-révolution et la Restauration, offre de pardonner à ceux qui se soumettront, et menace Paris de destruction et les patriotes de mort si le Roi n'est pas respecté.

Que va faire le Peuple français ? Va-t-il se mettre à genoux et demander grâce ? — Non ! *La mort plutôt que l'esclavage !* s'écrie l'un.... *Vaincre ou périr !* s'écrie l'autre..... *Périsse notre mémoire, pourvu que la Patrie soit sauvée !* s'écrie un troisième.... *La guerre, la guerre ! A l'ennemi ! En avant !* s'écrie la Fance entière..... Et la Révolution commence une de ces luttes de courage, d'honneur et d'hé-

roïsme, qui appellent sur une Nation l'admiration de l'U-
nivers.

De ce moment, la haine contre la Coalition devient la
passion dominante de la Révolution; de ce moment, et
pendant vingt-deux ans, tout ce que la France a d'énergie
va se tourner en colère, en fureur, en rage, contre l'Étranger et les parricides français qui se rendent ses complices:
c'est l'Étranger que le Peuple attaque (le 10 août) dans le
palais des Tuileries, en franchissant un terrain pavé de ses
cadavres et rougi de son sang; c'est l'Étranger que le Peuple poursuit dans l'Émigration, dans l'Aristocratie, dans les
Feuillants, dans les Girondins, dans tout le Juste-milieu,
disposés à transiger avec la Coalition.

La *trahison*, qui livre Longwy et Verdun à l'Étranger,
n'excite pas moins de colère que l'Étranger lui-même.

Nous ne parlons pas du prodige de la première bataille
contre les Prussiens, arrêtés au cri de *Vive la Nation* et
forcés à la retraite.

Mais bientôt l'invasion recommence : les Autrichiens bom-
bardent Lille comme les Anglais viennent de bombarder
Beyrouth et Saint-Jean-d'Acre ; et l'Émigration, qui guide
l'Étranger, apporte dans sa Patrie toutes les calamités,
l'incendie, la dévastation, le pillage, le viol et le carnage.
Aussi, les lois terribles rendues contre ces Émigrés, les imprécations lancées contre eux par les législateurs les plus
modérés (Boissy-d'Anglas, Pontécoulant), donnent à peine
l'idée de la colère qu'excitent, dans le cœur des Soldats et
du Peuple, les crimes et les lâchetés de l'Émigration.

Mais c'est peu d'employer la force des armes : la Coalition, le Cabinet Anglais surtout, répandent l'or pour sou-
doyer les divisions, les trahisons, les conspirations, les in-
surrections en Vendée, en Bretagne, en Normandie, à Lyon
et dans le midi, comme ils font aujourd'hui dans la Syrie
contre le Pacha d'Égypte ; les Anglais paient des traîtres
pour leur livrer *Brest*, reçoivent Toulon des mains de la
trahison, volent une partie de la flotte, brûlent l'autre,
puis brûlent et pillent perfidement Copenhague, alliée de la
France. C'est ainsi que les Royautés et les Aristocraties

donne l'exemple de toutes les immoralités, de tous les crimes et de toutes les infamies...! Et ces Gouvernements se proclament la Sagesse et la Vertu, la perfection et presque la Divinité! Et l'Aristocratie ose parler au Peuple de justice, de morale!

C'est alors que vingt fois, dans les moments de périls, la Représentation nationale, composée de Bourgeois, envoie ses Commissaires au milieu du Peuple, pour faire un appel à son dévouement, pour le presser, le supplier, le conjurer, de défendre la Patrie; c'est alors qu'elle rend un éclatant hommage à la générosité des ouvriers, à leur courage, à leur patriotisme; c'est alors qu'on leur promet des droits, l'égalité, même un milliard de biens nationaux pour soulager leur misère; c'est alors que le Peuple, se levant en masse, fournit quatorze armées qui couvrent les frontières et battent partout les armées de l'Europe.

Et le sentiment unanime de ce Peuple armé, c'est la haine de la Coalition, surtout des Émigrés, des déserteurs et des traîtres. On voit partout les soldats fusiller les Émigrés que des Généraux (secrètement aristocrates) voudraient épargner; on voit les soldats de Dumouriez le poursuivre à coups de fusil quand il déserte aux Autrichiens; on voit une armée exterminer elle-même un de ses régiments qui veut passer aux Espagnols; on voit les Thermidoriens forcés de faire fusiller les 1,000 Émigrés de Quiberon qu'ils voudraient pouvoir sauver; on voit Bonaparte menacer de faire fusiller un Ambassadeur dans lequel il trouve un Émigré, déclarant le crime de l'Émigré si grand qu'il ne pouvait être couvert par le caractère de l'Ambassadeur.

Mais, plus la Coalition est battue, plus elle entre dans la voie du crime : c'est l'assassinat (ou le régicide) qu'elle emploie contre les Chefs du gouvernement : d'accord avec les Bourbons, avec l'Émigration, avec les contre-révolutionnaires de l'intérieur, le Cabinet Anglais soudoie les assassins de la *machine infernale*, la conspiration de George, Pichegru, Polignac, et vingt autres conspirations contre la vie du Consul Bonaparte; cet exécrable Cabinet charge ses Ambassadeurs près les Cours de Wurtemberg et de Bade d'organiser en France le régicide, l'assassinat et le massacre ; et quand ces infernales machinations sont découvertes et publiées, l'indignation est si générale, l'exécration contre l'Aristocratie Anglaise, contre les Bourbons, contre l'Émigration est telle que Bonaparte peut impunément faire enlever et fusiller le duc d'Enghien par représailles.

Cependant, l'héroïsme révolutionnaire repousse la Coalition jusque dans ses Capitales; affranchit la Belgique, la Hollande, la Suisse, l'Italie ; et les aide à se constituer en Républiques. Et quand Bonaparte va conquérir l'Égypte pour la soustraire à l'influence Anglaise, pour prévenir la domination britannique dans l'Inde, et pour défendre Constantinople contre la Coalition, la France entière applaudit à cette gigantesque entreprise, ne voyant encore là qu'un moyen de défendre la Révolution, en affaiblissant ses ennemis et en lui créant des alliés. — Et si Bonaparte continuait à détrôner des Rois, à fonder des Républiques, à défendre et à propager les principes de la Révolution, à constituer partout la Démocratie, la fraternité et l'alliance des Peuples, à poursuivre l'Émigration, la Coalition et la Contre-révolution, rien n'égalerait l'enthousiasme croissant du Peuple et de l'armée, leur dévouement et sa propre puissance ; et la Coalition ne se reformerait pas en 1840 pour conquérir l'Égypte et la Syrie, pour menacer la France et sa Révolution...!!!

Malheureusement pour la France, plus encore que pour lui, Bonaparte, aveuglé par la plus fatale ambition, abandonne la Révolution et ses principes; repousse les Révolutionnaires ; rappelle les Émigrés, les Nobles, les Prêtres, les Aristocrates, les Contre-révolutionnaires, le Juste-Milieu, les Renégats, les Traîtres, en un mot tous les complices de l'Étranger. De là la perte de sa popularité, la désaffection, l'indifférence, le dégoût, l'abandon au moment du péril. D'un autre côté, ce malheureux Bonaparte substitue l'esprit de conquête, d'égoïsme, d'orgueil et de cupidité, à la propagande de fraternité parmi les Nations ; il détruit les Républiques pour les remplacer par des Monarchies ; il conserve sur leurs trônes tous les Despotes coalisés, qu'il pourrait détrôner; il opprime les Peuples sans se faire des amis de ces Rois, auxquels il semble faire grâce en leur conservant leurs couronnes ; il blesse profondément et doublement la France, par ses ménagements pour les Despotes et par ses outrages contre les Peuples. Aussi, voyez quelle effroyable conséquence ! Tandis que la France, toujours juste, généreuse, amie des Peuples, se refroidit pour son ambitieux Empereur, la haine qu'il inspire aux Peuples rejaillit sur la France et la confond bientôt avec son maître; les Peuples, qui devraient être les amis de la Révolution française, deviennent ses ennemis; Espagnols, Italiens, Suisses, Hollandais, Autrichiens, Allemands, Prussiens, viennent attaquer cette France qui se levait en 92 pour les délivrer eux-mêmes et proclamer les droits de l'Humanité...! Et voyez encore quelle étonnante métamorphose ! Ce sont ces mêmes Peuples, et les Anglais et les Russes, qui, préférant s'ensevelir sous les ruines de leurs pays plutôt que de souffrir le joug de Napoléon, prouvent à leur tour au Monde que rien n'est plus ardent que l'amour de l'indépendance, et qu'aucune haine n'est plus légitime que celle d'une domination étrangère.

Enfin, après vingt-deux ans de guerre et de triomphes, la Révolution est vaincue par la Coalition, par l'Émigration, par l'Aristocratie, ou plutôt elle est perdue par les innombrables fautes de ses Gouvernements, par le machiavélisme de ses ennemis, par la trahison des Émigrés rentrés, par la trahison du Juste-milieu et notamment du Conseil municipal de Paris, par la trahison de beaucoup de Généraux (Marmont, Augereau, Clarke, etc.), surtout par la trahison de cet infâme *Talleyrand* dont le Peuple un jour exhumera les ossements pour les vouer à l'éternelle exécration de la Postérité.

Voilà donc l'invasion consommée; l'intervention étrangère accomplie ; la Coalition victorieuse ; la Restauration opérée ; la Contre-Révolution, l'Aristocratie, l'Émigration, la Vendée, la Chouannerie, le Juste-milieu, tous les complices de l'Étranger, triomphants ! Voilà la Révolution subjuguée, humiliée, outragée!! Voilà *Talleyrand*, le traître, l'exécrable *Talleyrand*, Ministre des affaires extérieures, ou plutôt Ministre de la Coalition étrangère ! Voilà le Maréchal *Soult*, Maréchal de la Restauration, dirigeant l'érection d'un monument à la *gloire des Emigrés de Quiberon!* Et voilà un jeune, un obscur, un ambitieux Rhéteur, M. *Guizot*, Secrétaire-général d'un Ministre contre-révolutionnaire (M. *de Montesquiou*, ministre de l'intérieur)! Voilà M. Guizot rédacteur des projets de loi contre la presse, censeur royal, etc...!

Nous ne parlons pas de la Charte *octroyée*, des Émigrés, des Vendéens, des Chouans, récompensés par les grades et les emplois ; des Patriotes destitués ; des acquéreurs de biens nationaux menacés.... C'est le complice et le commis de la Coalition qu'on voit en Louis XVIII, assez indigne pour reconnaître que c'est au *Prince Régent d'Angleterre* qu'il doit sa couronne ; et c'est la haine de l'Étranger et de l'Émigration qui redevient le sentiment unanime et dominant dans le Peuple et l'Armée.

Aussi, quand Napoléon reparaît, c'est cette haine de l'Étranger, plus que l'amour pour l'Empereur, qui précipite à sa rencontre le Peuple et l'Armée ; c'est le défenseur de l'Indépendance nationale que l'on salue dans sa personne ; et tout ce qui reste d'Émigrés et de contre-révolunaires disparaîtrait à l'instant s'il ne retenait la colère populaire.

Aussi, M. *Guizot* lui-même signe l'Acte additionnel qui prononce l'éternel bannissement des Bourbons, et demande à Carnot de lui conserver son emploi, tandis que, pour se populariser, Napoléon ordonne l'exécution des lois rendues contre les Émigrés ; et c'est alors que, repoussé par Carnot, M. *Guizot* émigre à Gand, auprès de Louis XVIII, où le rejoindra le déserteur *Bourmont*, et où il rédige le *Moniteur royaliste*, pendant que l'infâme *Talleyrand* conjure le Congrès de Vienne de faire la guerre à sa Patrie, et que l'infâme *Fouché* prépare tout pour la livrer à l'Étranger.

Cependant, la Représentation nationale (la plus vraiment nationale depuis 15 ans), appelle le Peuple à la défense du territoire. — « Partez, vieux soldats et jeunes citoyens ! Quittez vos vieux pères, vos vieilles mères, vos jeunes sœurs, vos fiancées en larmes ! Sacrifiez vos affections et vos intérêts à la Patrie ! Écoutez la voix de vos Représentants qui vous crient de vous immoler pour défendre l'honneur et l'indépendance du Pays ! Donnez aux heureux de la Terre l'exemple de toutes les vertus civiques ! Si la fortune trahit votre valeur, faites admirer de l'Étranger lui-même votre héroïque courage et votre dévouement sublime, en criant : *la Garde meurt et ne se rend pas...!* »

Pendant ce temps, M. *Guizot* écrit au nom de Louis XVIII, appelle nos défenseurs des brigands, comme ses amis des *Débats* appellent l'Empereur un Tigre. — M. *Guizot* attaque les électeurs, la Représentation nationale, le Peuple et l'Armée ! — M. *Guizot* n'aperçoit la France que dans les Bourbons, dans les Emigrés, dans le parti de l'Etranger ! — M. Guizot ne voit le reste des Français qu'avec les yeux d'un ennemi ! — M. *Guizot* n'a d'éloges que pour Wellington et la Coalition ! — M. Guizot demande la guerre, non pour la France, mais contre la France, pour lui donner la paix de l'esclavage, la paix des tombeaux ! — M. *Guizot* devrait être désespéré si ses compatriotes étaient victorieux ; car il serait forcé de mourir en émigration pour ne pas mourir sur un échafaud comme déserteur et traître ! — M. *Guizot* doit faire des vœux pour le triomphe et la gloire des Anglais et des Prussiens, pour l'humiliation et l'extermination des Français ! — M. *Guizot* se transforme en Cosaque ! — M. Guizot aide, autant qu'il en a la puissance, les ennemis de la France à l'assassiner ! — M. *Guizot* célèbre la victoire des Coalisés et doit se réjouir du massacre de Waterloo ! — M. *Guizot* guide ou suit, dans leurs fourgons, ceux qui viennent piller, outrager, tyranniser la France ! — M. *Guizot* livre autant qu'il est en lui, son pays à l'Etranger, lui abandonne nos places, notre artillerie, notre marine, nos musées, notre trésor (plus de 2 milliards), notre armée (qu'il appelle les brigands de la Loire), notre honneur et notre avenir par les honteux traités de 1815 ! — M. *Guizot*, devenant secrétaire-général du Ministère de la Justice, se rend complice de tous les attentats contre la Révolution, contre la Charte, contre la Liberté, complice de toutes les réactions, de toutes les vengeances, de tous les assassinats judiciaires et autres, de tous les pillages en faveur de l'Emigration, de toutes les tyrannies contre les patriotes...—On se fatigue à suivre M. *Guizot* dans cette sombre carrière... D'un seul mot, disons tout : l'Emigration, la Restauration, le dévoue- ment à la Coalition contre la France et la Révolution, se personnifient dans M. *Guizot !*...

Or, on connaît le mépris, la haine, la fureur concentrée de l'Armée et du Peuple contre la Restauration, contre les Bourbons, contre l'Émigration, contre les déserteurs, les traîtres, les proscripteurs de 1815... Et quand le Peuple et l'Armée se lèvent enfin, en juillet 1830, contre Charles X, c'est contre la Restauration qu'ils s'insurgent, contre les Bourbons, contre l'Aristocratie, contre l'Émigration, contre les complices et les amis de l'Étranger, contre la Coalition, contre les trahisons et les désastres de 1815, contre les traités qui perpétuent l'insupportable souvenir de cette déplorable époque.

L'expulsion des Bourbons est si manifestement juste, qu'elle excite les acclamations de la France entière et les applaudissements du Monde entier. Le courageux effort du Peuple pour reconquérir son indépendance en chassant le commis des Rois étrangers excite une admiration si uni- verselle que beaucoup de Peuples l'imitent et que presque tous veulent l'imiter. Cet enthousiasme général n'est-il pas la plus éclatante démonstration de l'opinion Euro- péenne qui proclame les droits de chaque Nation et qui condamne toute intervention étrangère, toute coalition, toute émigration pour attaquer la Patrie ?

Comment la Postérité pourra-t-elle donc comprendre que le Gouvernement sorti des barricades de juillet, au bruit de la *Marseillaise*, ait pu choisir pour Ministre l'émigré de Gand, M. *Guizot*, et pour ambassadeur à Londres le traître de 1814 et de 1815, l'infâme *Talleyrand?* Tout l'avenir de la nouvelle Révolution n'est-il pas annoncé par le choix de ces deux hommes? N'est-ce pas un triomphe pour l'Émigration, pour la Restauration, pour la Coalition, pour les traités de 1815, pour les Rois contre les Peuples ?

Aussi, M. *Guizot*, prétend-il que le Duc d'Orléans n'est élu Roi que *parce qu'il est Bourbon*, ce qui constituerait une continuation de la Restauration ou une *Quasi Restauration*. Puis, il a l'incroyable audace de proclamer cette maxime ; « que le Gouvernement doit être *impopulaire*.» Puis, il traite les ouvriers de *barbares*, et ne recule pas devant cette monstrueuse immoralité « que le Peuple est bon pour exécuter une révolution, et qu'on peut lui faire des promesses pour le déterminer à combattre, mais qu'on doit le licencier après la victoire parce qu'il est incapable d'exercer aucun droit. » Puis, il sacrifie toutes les Révolutions nées de la Révolution de juillet; il abandonne l'Italie à l'intervention de l'Autriche, et la Pologne à l'intervention de la Russie.

Ambassadeur à Londres, lors de l'avénement du Ministère du 1er mars (1840), M. *Guizot* ne conserve son poste que parce que M. Thiers prend l'engagement, 1° de ne *pas dissoudre la Chambre* (quel certificat pour cette Chambre que le certificat de confiance que lui donne ici M. Guizot !) 2° de repousser la *Réforme électorale*.

Mais bientôt la question d'Orient amène la plus profonde dissidence entre M. Thiers, Ministre des affaires étrangères, Président du Conseil (qui veut la guerre pour défendre le Pacha d'Égypte contre l'intervention d'une Coalition nouvelle), et la Couronne, qui, comme elle en a le droit constitutionnel, prend la résolution de renvoyer M. Thiers et ses collègues et de les remplacer par M. Guizot.

Bientôt encore, M. Guizot propose ou accepte le système de la *Paix à tout prix* (comme le Ministre Jaubert le lui reprochera à la tribune, comme le lui reprochera M. Thiers en lui disant qu'il avait la *certitude* de la paix, comme il l'indiquera lui-même en demandant la *Paix partout, la Paix toujours*) ; il propose ou accepte l'abandon du Pacha (car il glorifiera publiquement la Couronne d'avoir sacrifié l'Égypte comme la Pologne et l'Italie) ; il accepte le Ministère pour le prendre dans quelques mois, et le demande peut-être (car M. Jaubert l'accusera en face et solennellement de l'avoir pris à *deux genoux*) ; il se promet de cacher ses projets à M. Thiers, son Chef, de le jouer, de le tromper, pour le supplanter et le perdre (car M. Thiers l'accusera presque formellement de l'avoir trahi).

En attendant, M. Guizot engage M. Thiers à persé-
vérer dans sa politique belliqueuse, dans ses armements, dans ses fortifications (et les Bastilles sont peut-être
le grand but qu'on se propose en tolérant les armements
de M. Thiers!) — Il l'engage à *gagner du temps*, et à ré-
diger ses dépêches en style clair pour eux mais *obscur* pour
les Cabinets. — Il souffre tous les mauvais procédés, tous
les démentis, toutes les insultes de lord Palmerston envers
M. Thiers et la France, et il reste ambassadeur. — Il laisse
signer le traité de Londres à son insu ou du moins à l'insu
de M. Thiers. — Il souffre que lord Palmerston dise (assure-
t-on): *Je ferais passer le Roi des Français par le trou d'une ai-
guille*; et il reste à Londres. — Il transmet à M. Thiers sans
en paraître blessé les insolences équivalentes des Ministres
anglais, tandis que (suivant *l'Univers Religieux* et tous les
autres journaux) le Roi et la Reine se plaignent amèrement
des outrages de lord Palmerston et du Traité. — Il écrit à
M. de Broglie qu'il craint le *dedans* plus que le *dehors*.

Devenu subitement Ministre des affaires étrangères
(29 octobre), il accepte la Coalition, le traité, l'intervention
en Orient, l'abandon du Pacha. Il loue, vante l'Étranger
autant qu'il est loué et vanté par l'Étranger. — Devant la
Pairie, il proclame comme base de sa politique *la paix partout, la paix toujours.* — Devant les Députés, il accepte tous
les faits accomplis. — Puis enfin, provoqué par une inter-
pellation, il se vante de son *émigration à Gand*.

A la séance du 25, il dit :

« Oui , j'ai été à Gand, mais non pour quitter mon pays. Quand il
a été évident pour tous les hommes sensés qu'il n'y avait plus de
Paix possible pour la France avec l'Europe ; quand il a été évident
que la Maison de Bourbon allait rentrer en France, j'ai été à Gand,
pour porter au Roi Louis XVIII quelques vérités utiles, pour lui
faire comprendre que son Gouvernement avait , en 1814, commis
des fautes ; qu'il ne fallait pas recommencer ; qu'il y avait des li-
bertés nouvelles à accorder au pays, qui demandait une conduite
qui inspirât plus de sécurité. J'ai été lui dire qu'il était nécessaire
de renvoyer *certains hommes*, de les éloigner de sa présence. J'ai
été à Gand au nom de la Constitution, pour lier le raffermissement
de la Charte avec le retour probable de Louis XVIII..... Toutes les
fois que j'ai cru un acte UTILE , LÉGITIME ; toutes les fois que je
CROIRAI qu'un acte n'a *rien de repréhensible*, je N'HÉSITERAI
pas à l'accomplir, quelque *nuage* que cela puisse jeter sur moi. »

A la séance du 28 , M. Guizot ajoute :

J'ai été à Gand.... Ce n'est pas une *émigration*, mais un VOYAGE...
J'y ai été non pour *quitter* mon pays, mais pour le *servir*... C'était
un *devoir* difficile... Je m'identifiais avec le SOL, non *matériel*
mais MORAL... Je défendais *l'honneur* de mon pays à Gand... Nous
sommes tous Français ..

Ainsi, Monsieur Guizot, ministre des affaires étrangères
de France, vous avouez, à la tribune, en face de la Représentation nationale et des Ambassadeurs de tous les Rois,
que vous êtes allé à Gand ; vous affirmez que c'est là un
acte *utile*, LÉGITIME, qui n'a *rien de répréhensible ;* et vous
annoncez hardiment que vous seriez prêt à recommencer !...
— Mais il n'est pas un de vos prétextes qui ne puisse être
invoqué par tous les Émigrés, par tous les déserteurs, par
tous les traîtres...!

Ce n'était qu'un *voyage*, qu'une absence momentanée...!
— Mais c'est là le crime ! Si, n'approuvant pas la Révolution que venait d'opérer et que voulait la France, vous
l'aviez quittée pour toujours, sans hostilités contre elle,
on aurait pu vous accuser de lâcheté ; car c'est lâcheté
d'abandonner la Patrie dans ses périls quand on a partagé
sa prospérité ; mais du moins on ne vous aurait pas accusé
d'être un ennemi, un enfant parricide, un traître......
Pourquoi avez-vous signé l'*Acte additionnel ?* Pourquoi
avez-vous sollicité de Carnot l'emploi de chef de division
dans son Ministère ? Si vous vouliez servir Napoléon, n'é-
tait-ce pas sacrifier Louis XVIII ? Et si vous entendiez
n'accepter une fonction que pour mieux servir Louis XVIII,
n'était-ce pas trahir Napoléon ?

Ce n'était qu'un *voyage* pour revenir avec Louis XVIII
et les armées étrangères...! — Eh ! n'est-ce donc pas ce
que disaient les Émigrés de 89, de 90, etc. ? Leur émigration à Coblentz n'était-elle pas commencée comme une
promenade, une partie de plaisir, pour laquelle on partait
sans porte-manteaux et sans faire d'adieux, tant on était
sûr de revenir incessamment ? Et ces premiers Émigrés
étaient peut-être moins criminels ; car ils se flattaient d'être
assez nombreux et assez forts pour rentrer seuls en vain-
queurs, sans le secours de l'Étranger, tandis qu'en al-
lant à Gand, vous n'aviez d'autre espérance que les Anglais, les Prussiens et les Cosaques !

Vous vous identifiiez avec le *sol* de la France, non avec
le sol *matériel* mais avec le sol *moral....!* — Étrange gali-
matias, sophisme absurde, comme en trouvent toujours
tous les Tartufes et tous les plus grands criminels, pour
s'étourdir et s'aveugler sur leurs forfaits...! Et quelle pré-
somption, quelle fatuité, quelle outre-cuidance ! Qui vous
donnait le droit, à vous rhéteur obscur, obscur secrétaire
d'un ministre, de vous poser en libérateur de votre pays,
et de vous écrier, la tête haute : *Rome n'est plus dans Rome,
elle est toute où je suis !*

Ne vous faites-vous pas, en effet, le juge par excellence, le premier homme de France et du Monde, un homme de génie, un grand Lama, un Jésus-Christ, quand vous voulez regenter les Électeurs, la Chambre des Représentants, la Pairie, le Peuple et l'Armée, la France entière ; quand vous la traitez comme une enfant, une écolière, votre pupille ; quand vous prétendez connaître mieux qu'elle ses intérêts et son honneur ; quand vous voulez absolument faire son bonheur malgré elle ; quand vous allez donner des conseils à un Roi ; quand vous avez l'orgueil de vous croire assez fort pour maîtriser la Royauté, l'ancienne Émigration, l'Aristocratie, et surtout la Coalition victorieuse...!

Et qu'avez-vous pu faire, Monsieur Guizot? Qu'avez-vous empêché? Avez-vous protesté contre les réactions et les vengeances en donnant votre démission? Avez-vous refusé tout traitement pour prouver que vous agissiez sans intérêt? Non! Vous avez tout approuvé; vous avez coopéré à tout; vous vous êtes rendu complice de tout...!

La défaite de la France était certaine, dites-vous! — Non! Les Représentants déclaraient la guerre nationale.... Napoléon pouvait vaincre à Waterloo comme à Fleurus.... L'Autriche pouvait se détacher de la Coalition.... Ce sont les Bourmont, les Talleyrand, les Fouché, vous même, qui tous avez contribué à la perte du pays!

Vous avez toujours été *Français*, dites-vous encore; vous défendiez à Gand l'*honneur* et les *intérêts* de la France...! — Eh! n'est-ce pas ce que disaient aussi tous les Émigrés, et tous les traîtres? Bouillé, Dumouriez, Pichegru (qui faisait tuer exprès ses soldats par l'ennemi), Bourmont, Talleyrand, Fouché, ont-ils jamais avoué qu'ils sacrifiaient l'honneur et l'intérêt de la Patrie...?

Vous craignez le *dedans* plus que le *dehors*...! — Sans doute, et vous l'avez bien prouvé en 1815! vous avez fait comme tous les Émigrés, comme tous les traîtres; vous avez préféré l'invasion étrangère et l'intervention de l'Étranger au triomphe du Parti national qui ne pensait pas comme vous. Aujourd'hui, vous préférez le triomphe de la Coalition au triomphe du Parti populaire; vous voulez le contraire de ce qu'a toujours voulu la France!

Et la conséquence forcée, c'est que vous, le grand-prêtre de l'intimidation, vous qui ne représentez Dieu que comme armé du tonnerre, vous vous condamnez à l'emploi des *impitoyables rigueurs*, pour suivre les conseils anglais, pour comprimer l'élan national.

Une autre conséquence forcée, c'est que vous devez être prêt à recommencer. Vous proclamez que votre émigration

vous paraît *utile*, LÉGITIME, sans *rien de répréhensible*, et
que vous n'HÉSITERIEZ PAS à refaire ce que vous avez fait!...
Homme de conviction et de conscience, vous diriez : *Périsse
notre mémoire pourvu que le sol moral soit sauvé!* Si la France
pouvait adopter une opinion contraire à la vôtre ; si, par je
ne sais quelle complication d'événements, la Coalition re-
commençait son intervention et son invasion, vous émigre-
riez encore à *Gand* ou à *Goritz!* Vous feriez encore des
vœux pour la Coalition !

Eh bien, Monsieur Guizot, vous êtes Ministre des affaires
étrangères ; le sort de la France est peut-être entre vos
mains ; et votre vie politique tout entière appartient au *ju-
gement* de chacun de vos concitoyens. Quelque énergique que
soit votre *opinion*, on peut avoir une *opinion* différente, aussi
sincère et non moins énergique ; et mon *opinion* à moi, c'est
que rien n'est plus immoral, rien n'est plus dangereux, rien
ne peut être plus fatal à la Patrie que votre exemple et vos
principes ; mon opinion, c'est que ce que vous appelez
voyage est une *émigration*, et ce que vous appelez *utile, légitime* est une DÉSERTION, une TRAHISON, un CRIME...

Chut! me dit en m'interrompant une voix amie...! —
Non, non! les temps sont venus où la douleur rend insen-
sible à la crainte, où le Patriote, qui tient à la vie non de
brute mais d'homme, ne doit pas reculer devant le devoir
de protester au risque des plus injustes persécutions...
Oui, M. Guizot, rien n'est plus immoral que vos principes ;
et je ne puis concevoir comment, quand vous êtes Ministre,
l'Adresse peut oser parler de *religion*, de *morale*, de cet
amour désintéressé du pays qui inspire les *grands dévoue-
ments* et commande de *généreux sacrifices ;* je ne puis comprendre comment, en votre présence, elle ose parler d'*honneur*, de *patrie*, de ces *vertus civiques* qui font la force des
Peuples et la *durée des États*...! Ah! c'est en vain que tous
les catéchismes, tous les sermons, tous les Moralistes,
tous les Philosophes, tous les Prêtres en chaire, prêche-
raient au Peuple la morale, la vertu, le dévouement à la
Patrie, quand, du haut de la tribune nationale, en face de
la France et de l'Europe, vous pouvez impunément proclamer des maximes qui doivent nécessairement enfanter
l'*émigration*, la *désertion*, la *trahison* PARTOUT ET TOUJOURS!

CABET.

PARIS. — IMPRIMERIE DE BOURGOGNE ET MARTINET,
Rue Jacob, 30.

PUBLIÉS PAR M. CABET,

Six lettres sur la Crise actuelle.

1ʳᵉ	Aurons-nous la Guerre?	1 feuille	15 cent.
2ᵉ	Point de Bastilles.	2 —	30 —
3ᵉ	M. Thiers mérite-t-il d'être mis en accusation?.	2 —	30 —
4ᵉ	Jamais plus de péril.	1 —	15 —
5ᵉ	Tous les Peuples sont menacés. . .	1 —	15 —
6ᵉ	Que faut-il faire pour se défendre?.	2 —	30 —

Comment je suis Communiste. . . . . . 1 — 15 —

Vous seriez responsables envers la Patrie. 1/4 — 5 —

PATRIOTES, LISEZ ET ROUGISSEZ DE HONTE !

OU OPINIONS

DES JOURNAUX FRANÇAIS ET ÉTRANGERS

Sur la question d'Orient, sur le Traité du 15 juillet, sur la Guerre, sur le Discours du trône, etc.

6 feuilles in-8. Prix : 90 centimes.

VOYAGE EN ICARIE,

2 vol. in-8. — 6 fr.

Prospectus du Journal le POPULAIRE de 1840.

PARIS. — IMPRIMERIE DE BOURGOGNE ET MARTINET, RUE JACOB, 30.

www.ingramcontent.com/pod-product-compliance
Lightning Source LLC
LaVergne TN
LVHW011041050726
842519LV00004B/1470